Farbstifte

Bunt- oder auch Aquarellstifte sind die beliebtesten Stifte zum Ausmalen. Sie sind leicht zu beschaffen und bieten eine Vielfalt an Ausdrucksmöglichkeiten. Fließende Übergänge und zarte Farbabstufungen sind mit ihnen genauso möglich wie Farbmischungen. Sie decken jedoch nicht so gleichmäßig wie Faserstifte.

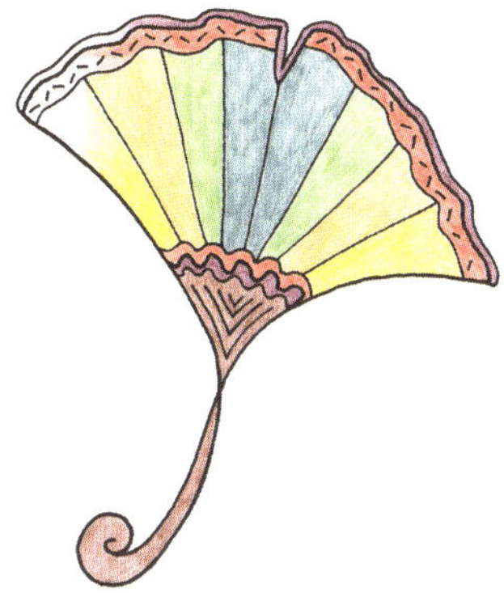

Faserstifte

Faserstifte gibt es in sehr unterschiedlichen Qualitäten. Achten Sie beim Kauf auf hochwertige Stifte, die nicht durchschlagen. Faserstifte haben einen kräftigeren und satteren Farbauftrag als Buntstifte. Für Farbabstufungen benötigen Sie im Normalfall mehrere Stifte in verschiedenen Schattierungen.

Kalte Farben

Zu den kalten Farben zählen vor allem Blau, aber auch bläuliche Grün- und Violetttöne. Sie haben einen beruhigenden und entspannenden Effekt, können aber auch unnahbar wirken. Nutzen Sie solche Farben für Bilder, die eine Auszeit von der alltäglichen Hektik bieten sollen und lassen Sie die Farben auf sich wirken.

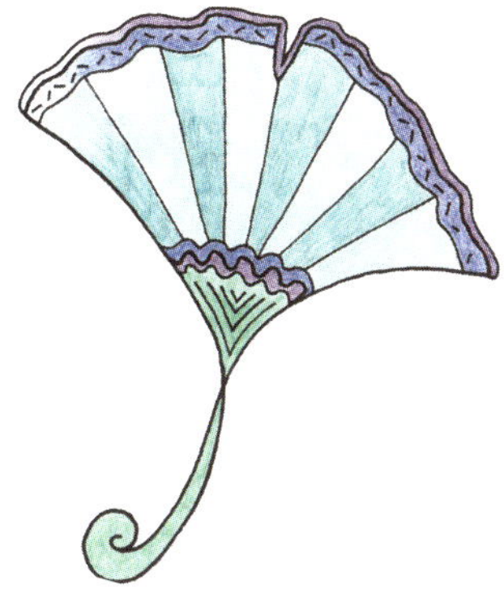

Warme Farben

Alle gelben, orangen und roten Farben sowie rötliche Violetttöne sind warme Farbtöne. Diese Farben wirken aktivierend und anregend. Die Verwendung solcher Farben hilft Ihnen, Kraft zu schöpfen und Energie zu tanken. Auch Braun wird oft als warm empfunden, hat jedoch eher eine beruhigende Wirkung.

Kräftige Farben

Wenn Sie mit dem Buntstift aufdrücken oder mit dem Farbstift mehrmals über eine Fläche streichen, wird die Farbe dadurch kräftiger, dass mehr Farbpigmente übertragen werden. Kräftige Farben erwecken mehr Aufmerksamkeit als zarte – heben Sie wichtige Aspekte des Bildes dadurch hervor. Grundsätzlich wirken kräftige Farben wärmer, sie können aber auch fast aggressiv sein.

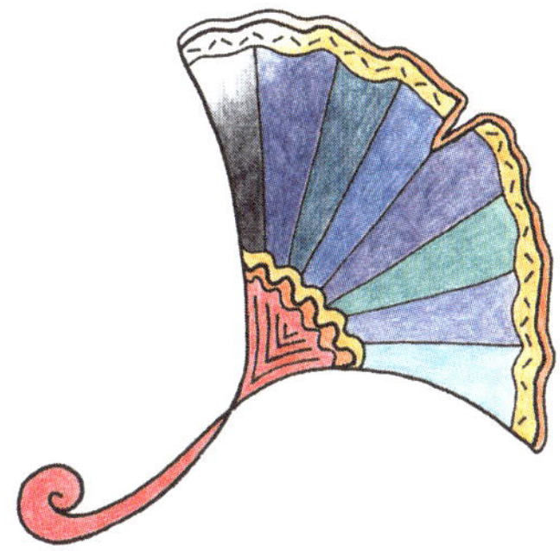

Zarte Farben

Durch ganz leichtes Schraffieren scheint noch viel vom Weiß des Papieres durch und die Farbe wirkt zart und pastellig. Solche Farben erinnern an den Frühling und wirken freundlich und einladend. Kalte Farben werden jedoch in ihrer Wirkung verstärkt. Leicht schraffiert lenken weniger wichtige Details des Bildes nicht vom Fokus ab.

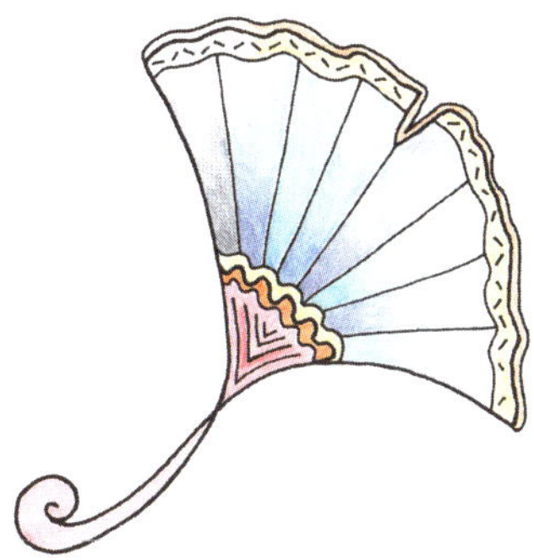

Alles Glück der Welt entsteht aus dem Wunsch, dass andere glücklich sein mögen.
* Buddha *

Wer die Musik des Lebens hört,
erkennt die Melodien des Lebens.
* Swami Sivananda *

Lege Dich jeden Tag für eine halbe Stunde zurück.
Und in dieser Zeit mache ein Schläfchen. * Laotse *

Du lächelst – und die Welt verändert sich. * Buddha *

Es gibt keinen Weg zum Glück. Glücklich-sein ist der Weg. * Buddha *

Auch eine Reise von tausend Meilen
beginnt mit dem ersten Schritt. * Laotse *

Wenn Leute lachen, sind sie fähig zu denken. * Dalei Lama *

Lerne die Regeln, damit du weißt, wie du sie brichst. * Dalai Lama *

Sei selbst die Veränderung, die du in der Welt sehen möchtest. * Mahatma Ghandi *

Wenn du liebst, was du tust, musst du nie wieder arbeiten. * **Konfuzius** *

Die Samen der Vergangenheit sind die Früchte der Zukunft. * Buddha *

Alle unsere Streitigkeiten entstehen daraus, dass einer dem anderen seine Meinung aufzwingen will. * Mahatma Gandhi *

Nichtstun ist besser,
als mit viel Mühe nichts schaffen. * Laotse *

Verantwortlich ist man nicht nur für das, was man tut,
sondern auch für das, was man nicht tut. * Laotse *

Beginnen können ist Stärke, vollenden ist Kraft. * Laotse *

Wer liebt, vollbringt selbst Unmögliches. * **Buddha** *

Ruhm liegt nicht darin, niemals zu fallen,
sondern jedes Mal wieder aufzustehen,
wenn wir gescheitert sind. * Konfuzius *

Wohin du auch gehst,
geh mit deinem
ganzen Herzen. * Konfuzius *

Bewältige eine Schwierigkeit und du hältst hundert andere dir fern. * Konfuzius *

Kein Ding auf der Welt ist vollkommen. * Konfuzius *

Die Liebe ist das Gewürz des Lebens, sie kann es versüßen, aber auch versalzen. * Konfuzius *

Suche die kleinen Dinge, die dem Leben Freude geben. * Konfuzius *

Selbst der stärkste Mann kann sich nicht selbst in die Höhe heben. * **Konfuzius** *

Wer seine Unwissenheit zugibt, zeigt sie einmal;
wer sie zu verbergen sucht, zeigt sie viele Male. * **Konfuzius** *

Das Leben ist ein dorniger Rosenstock
und das Glück seine Blüten. * Konfuzius *

Keine Straße ist lang mit einem Freund an der Seite. * Japanische Weisheit *

Ein wahrhaft großer Mensch
verliert nie die Einfachheit eines Kindes. * Konfuzius *

Lernen ist wie Rudern, gegen den Strom. Hört man damit auf, treibt man zurück. * Laotse *

Das Geld soll dem Menschen dienen, nicht umgekehrt. * Dalai Lama *

Erst am Ende unseres Weges stehen die Antworten. * Laoste *

Alle Dunkelheit der Welt kann das Licht einer einzigen Kerze nicht auslöschen. * Chinesisches Sprichwort *

Besser nach dem Weg fragen,
als in die Irre gehen.
* Chinesisches Sprichwort *

Ein einfacher Zweig ist dem Vogel lieber als ein goldener Käfig. * Chinesisches Sprichwort *

Ein kleiner Funken kann die ganze Steppe in Brand setzen.
* Chinesisches Sprichwort *

Liebe ist die Mitte des menschlichen Lebens. * Dalai Lama *

Geduld ist die Kunst nur langsam wütend zu werden. * Chinesisches Sprichwort *

Ein Lächeln löscht tausend Sorgen aus.
* Chinesisches Sprichwort *

Fürchte dich nicht vor dem langsamen Vorwärtsgehen,
aber fürchte dich vor dem Stehenbleiben. * Chinesisches Sprichwort *

Die größte Offenbarung ist die Stille. * Laotse *

Hat dein Haus auch tausend Zimmer, zum Schlafen brauchst du nur eins.
* Chinesisches Sprichwort *

Je stiller du bist, desto mehr kannst du hören.
* Chinesisches Sprichwort *

Das Glück tritt gerne in ein Haus ein, in dem Frohsinn herrscht. * Japanisches Sprichwort *

Ein Lächeln ist hundert Worte wert. * Japanisches Sprichwort *

Wenn ein Drache steigen will, muss er gegen den Wind fliegen. * Chinesisches Sprichwort *

Auge um Auge
lässt die ganze Welt erblinden.
* Mahatma Gandhi *

Hohe Gedanken entspringen der Tiefe des Herzens.
* Chinesisches Sprichwort *

Es führen viele Wege zum Gipfel eines Berges,
doch die Aussicht bleibt die gleiche. * Chinesisches Sprichwort *

Ein bisschen Zeit ist nicht für viel Geld zu kaufen.
* Chinesisches Sprichwort *

Es ist besser, geringe Taten zu vollbringen, als große zu planen. * Chinesisches Sprichwort *

Besser auf neuen Wegen stolpern, als in alten Pfaden auf der Stelle zu treten.
* Chinesisches Sprichwort *

Illustrationen: Helga Altmayer
Produktmanagement: Franziska Schmidt
Herstellung: Sabine Kässner
Druck: PHOENIX PRINT GmbH

2. Auflage 2016

ISBN 978-3-7724-8226-7
Best.-Nr. 8226